BEI GRIN MACHT SICH IHR WISSEN BEZAHLT

- Wir veröffentlichen Ihre Hausarbeit, Bachelor- und Masterarbeit

- Ihr eigenes eBook und Buch - weltweit in allen wichtigen Shops

- Verdienen Sie an jedem Verkauf

Jetzt bei www.GRIN.com hochladen und kostenlos publizieren

Stefan Gübeli

Motiviert eine variable Leistungsentlöhnung?

Ist ein variables Honorierungssystem motivierend?

GRIN Verlag

Bibliografische Information der Deutschen Nationalbibliothek:

Die Deutsche Bibliothek verzeichnet diese Publikation in der Deutschen Nationalbibliografie; detaillierte bibliografische Daten sind im Internet über http://dnb.d-nb.de/ abrufbar.

Dieses Werk sowie alle darin enthaltenen einzelnen Beiträge und Abbildungen sind urheberrechtlich geschützt. Jede Verwertung, die nicht ausdrücklich vom Urheberrechtsschutz zugelassen ist, bedarf der vorherigen Zustimmung des Verlages. Das gilt insbesondere für Vervielfältigungen, Bearbeitungen, Übersetzungen, Mikroverfilmungen, Auswertungen durch Datenbanken und für die Einspeicherung und Verarbeitung in elektronische Systeme. Alle Rechte, auch die des auszugsweisen Nachdrucks, der fotomechanischen Wiedergabe (einschließlich Mikrokopie) sowie der Auswertung durch Datenbanken oder ähnliche Einrichtungen, vorbehalten.

Impressum:

Copyright © 2014 GRIN Verlag GmbH
Druck und Bindung: Books on Demand GmbH, Norderstedt Germany
ISBN: 978-3-656-58123-9

Dieses Buch bei GRIN:

http://www.grin.com/de/e-book/268086/motiviert-eine-variable-leistungsentloehnung

GRIN - Your knowledge has value

Der GRIN Verlag publiziert seit 1998 wissenschaftliche Arbeiten von Studenten, Hochschullehrern und anderen Akademikern als eBook und gedrucktes Buch. Die Verlagswebsite www.grin.com ist die ideale Plattform zur Veröffentlichung von Hausarbeiten, Abschlussarbeiten, wissenschaftlichen Aufsätzen, Dissertationen und Fachbüchern.

Besuchen Sie uns im Internet:

http://www.grin.com/

http://www.facebook.com/grincom

http://www.twitter.com/grin_com

Berufsbegleitende Diplomausbildung als
dipl. Personalleiter NDS HF

kritischer Literaturbericht

Variable Leistungsvergütung

Autor:

Stefan Gübeli

Lehrgang:

Personalentlöhnung
Dipl. Personalleiter NDS HF / Bildungsinstitut BVS

Abgabetermin:

Februar 2014

Ort, Datum:

Januar 2014

Stefan Gübeli

Inhaltsverzeichnis

1. Einleitung 3
2. Theoretischer Hintergrund 4
3. Synthese und Schlussfolgerungen 8
4. Literaturverzeichnis 10

1. Einleitung

> „Wer nicht weiss, wohin er will,
> muss sich nicht wundern,
> wenn er ganz woanders ankommt."
>
> Mark Twain [1]

Es gibt heute kaum noch ein Unternehmen, das Löhne nicht an den Leistungen der Mitarbeitenden ausrichten. In grossen Schweizer Unternehmen betrug dieser Anteil im Jahr 2005 rund 85 Prozent. (Bernard, 2005) In der Schweiz ist die Mehrzahl der Erwerbstätigen im Dienstleistungsbereich beschäftigt. Durch die Entfernung vom produzierenden Sektor ist das Ergebnis der Arbeit oft physisch nicht mehr sichtbar und deswegen häufig auch nur schwer bewehrt- und vergleichbar. Es gilt daher, Leistung und Arbeitsergebnisse objektiv bewertbar zu machen. Dadurch können angestrebte Ergebnisse überhaupt vorab als Ziele definiert und dem Mitarbeiter bekannt gemacht werden.

Variable Leistungsvergütung gilt als modern: Fast 40 Prozent aller Unternehmen weltweit haben den variablen Bestandteil der Vergütung ihrer Mitarbeiter erhöht oder planen dies. Allerdings haben die neuen Bonusrichtlinien einen stärkeren Fokus auf Leistung. Die meisten Unternehmen haben strategische Gründe für die Veränderung von Vergütungsprogrammen. Für über zwei Drittel ist die enge Ausrichtung der variablen Vergütung an der Geschäftsstrategie besonders wichtig, 40 Prozent möchten durch die Veränderungen die Performance von Teams oder dem Unternehmen verbessern. (Itasse, 2011) Besonders beliebt ist das Konzept im Verkauf und Vertrieb. Es wird heute jedoch auf fast allen Hierarchieebenen angewendet.

Dies ist der einzige Weg, wie Mitarbeiter sich ganz auf die Verwirklichung dieser Ziele konzentrieren und im nächsten Schritt auch für die Zielerreichung belohnt werden können. Die variabler Leistungsvergütung zugrunde liegende Annahme ist: Mitarbeiter strengen sich mehr an, wenn zusätzliche Leistung belohnt wird. So sollen beispielsweise Bonusprogramme im Verkauf Mitarbeitende zur Steigerung des Umsatzes motivieren, wenn der Bonus an die Verkaufszahlen geknüpft wird. (Osterloh, 2009)

Wäre es für einzelne Mitarbeiter nicht sinnvoller, den alten Arbeitsplatz zu behalten. Der Mitarbeiter könnte selbst entscheiden, ob er eine variable Leistungsentlöhnung haben möchte. Vielfach werden an den Bonus neue Aufgaben / Verantwortung geknüpft, was, wenn ein Mitarbeiter diese Verantwortung / Aufgaben nicht noch zusätzlich haben möchte? Eine Kündigung aussprechen, weil die neue Vergütung nicht vom Mitarbeiter akzeptiert wird, kann ich nicht wirklich gutheissen. Das wichtigste Kapital einer Unternehmung ist für mich immer noch das Human Kapital. Die Fachspezialisten auswechseln, bedeutet immer ein Verlust von

---

[1] Samuel Langhorne Clemens / 1835 - 1910

Know-How. Als Unternehmung sollte man bestrebt sein, sein Kapital in der Unternehmung zu behalten.

Was sind denn die Vor- und Nachteile einer variablen Leistungsvergütung? Nach meinem Erachten sind die Nachteile ganz klar in der genauen Evaluierung der Gesamtlohnsumme. Die Entlöhnung ist abhängig von den Messgrössen, demzufolge variiert auch die Gesamtlohnsumme und es wird umso schwieriger, den Wettbewerbslohn zu erörtern und zu vergleichen. Einen Vorteil sehe ich in der Motivation der Mitarbeiter. Mit dem variablen Anteil wird die Motivation gesteigert um noch mehr zu leisten und sich mit der Unternehmung noch mehr identifiziert.

Vorliegende Arbeit setzt sich mit der variablen Leistungsvergütung und der Frage: inwiefern tritt der vermutete Effekt leistungsvariabler Vergütung tatsächlich ein, auseinander. Dabei werden zuerst die theoretischen Grundlagen zu diesem Thema gelegt. Ich möchte die variablen Vergütungen und die Boni gezielt im theoretischen Teil ergänzen und umschreiben, weil sie für mich als theoretischer Anteil gelten. In einem zweiten Schritt unter Punkt drei, meine Erkenntnisse und meine persönlichen Schlüsse auf die unter Punkt zwei eingegangenen Faktoren.

2. Theoretischer Hintergrund

Dienstleistungsunternehmen sind im Regelfall sehr personalintensiv. Der Faktor Arbeit macht bei Dienstleistungen den grössten Anteil an der Wertschöpfungskette aus, da jede Dienstleistung auf bestimmten menschlichen Leistungsfähigkeiten (geistige und / oder körperliche Fähigkeiten) basiert. Aus diesem Grund müssen Dienstleistungsunternehmen dafür sorgen, dass das im Unternehmen gebundene Human Kapital optimal genutzt wird. (Hilb, 2011) Eine Ressourcenverschwendung in diesem Bereich könnte verheerende Folgen haben, da der von den Mitarbeitern erbrachte Input in direkter Beziehung zu dem erzielten Output steht.

Dienstleistungen stellen neben dem Primären und dem Sekundären Sektor (Landwirtschaft und Industrie) den Tertiären Sektor, der Allan G.B. Fisher und Colin G. Clark in der dreissiger Jahre entwickelten 3-Sektoren-Theorie, dar.

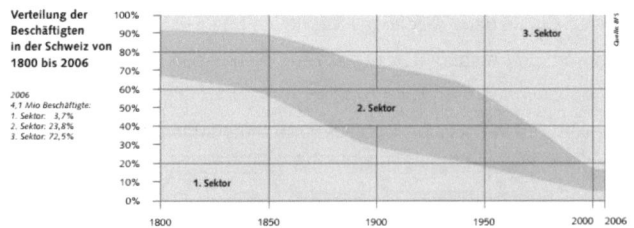

Heute spricht man sogar von einem Quartären Sektor, der den sekundären und tertiären Sektor vereint. Sozusagen, ein Industrieunternehmen welches mit sehr viel Know-How gekoppelt ist um sich von den anderen Unternehmungen zu differenzieren. Weil die Schweiz hauptsächlich im Dienstleistungssektor tätig ist, muss die Leistung gemessen werden können, damit ein interner Lohnvergleich stattfinden kann.

Dienstleistungen sind anders als Sachleistungen nicht materieller, sondern immaterieller Art und werden in den meisten Fällen nach individuellem Wunsch erstellt. Ausserdem werden Dienstleistungen meist unter Einbezug des Kunden erbracht. Die Dienstleistungserbringung fällt häufig mit deren Konsumation zusammen. (Steingruber, 2014)

Ein modernes Dienstleistungsunternehmen muss deshalb Arbeitsbedingungen schaffen, bei denen die Mitarbeiter zufrieden sind. Um Unzufriedenheit zu vermeiden, muss auch ein Vergütungssystem bestehen, das von den Mitarbeitern als gerecht empfunden und akzeptiert wird. (BVS, 2014)

Das Grundgehalt wird immer häufiger mit einer variablen Vergütung ergänzt. Es wird häufig an das Erreichen vom Umsatz- oder Ergebniszielen gebunden und wird auch als ereignisbezogene Prämien, bezeichnet. Die Messgrössen sind dabei sehr unterschiedlich. Meistens aber am Persönlichen-, Team-, Abteilung- oder Bereichsumsatz im Vergleich mit dem Budget oder den Vorjahresergebnis bemessen. Die Unternehmen wollen damit das unternehmerische Denken und Handeln, der Mitarbeitende fördern oder die Gewinnung und die dauerhafte Bindung qualifizierter und motivierter Mitarbeiter verbessern. (Wachter, 2014) Dabei werden folgende Modelle unterschieden:

- Short-term-incentive-Systeme sind kurzfristige variable Vergütungssysteme, die meistens mit Monats- oder Jahreszielen verknüpft werden. Die Auszahlung erfolgt in einer Form von Boni oder Prämien.

- Long-term-incentive-Systeme sind langfristige variable Vergütungssysteme, wie z.B. Kapitalbeteiligungsprogramme, bei denen Mitarbeiteraktien abgegeben werden und der Aktienkurs die Basis für die Auszahlung ist.

Die variable Vergütung kann nach Martin Hilb in folgende Punkte unterteilt werden:

Variable Vergütung		
Anerkennungsprämie	**Bonus**	**Incentive**
• Die Anerkennungsprämie ist eine Spontan-Honorierung von Leistungen und Verhaltenswissen	• Der Bonus ein kurzfristiger variabler operativer Erfolgsanteil	• Die Incentive ein langfristiger variabler strategischer Erfolgsanteil

Tabelle 1: variable Vergütung, Quelle: eigene Darstellung, in Anlehnung an: M. Hilb, 2014 (Hilb, 2011)

Grundsätzlich kann man sagen, dass der Leistungswert als Lohnbestandteil eingebaut oder als variable Honorierungskomponente separat behandelt werden kann. Eine in den Lohn eingebaute Leistungskomponente wird aus Sicht des Mitarbeitenden meist als Sozial- und Erfahrungskomponente wahrgenommen und verliert rasch die leistungsfördernde Wirkung. (BVS, 2014)

Was versteht man denn überhaupt unter einer Vergütung: *„Das Arbeitsentgelt ist die Leistung, in der Regel ein Geldbetrag, die ein Arbeitgeber einem Arbeitnehmer aufgrund eines zwischen den beiden geschlossenen Arbeitsvertrages schuldet. Entgelt ist eine nominalisierte Form von „entgelten", was so viel heisst wie „vergüten". Innerhalb der Schweiz, ansonsten selten, wird der Begriff Salär oder Entlöhnung für eine geldwerte Entlohnung verwendet."* [2]
Historisch und umgangssprachlich werden zwei Formen des Entgelts unterschieden. Bei einem Angestellten wird die Vergütung als Gehalt bezeichnet, bei einem Arbeiter spricht man dagegen von Lohn, dessen Höhe von den tatsächlich geleisteten Arbeitsstunden abhängt. Zur Vereinfachung wird nur noch von Gehalt gesprochen.

Bonus wird in der Kaufmannssprache als Vergütung definiert. Liest man im Wikipedia nach, gibt es unter Boni mehrere Bezeichnungen. Damit ein Überblick entsteht, wie ein Bonus definiert wird, dient folgende Tabelle:

Bonusdefinition				
Duden		Wikipedia		
a)	b)	a)	b)	c)
• Vergütung • Rabatt	• Etwas, was jemandem als Vorteil, Vorsprung vor anderen angerechnet, was ihm bzw. ihr gutgeschrieben wird	• Bei gewerblichen Arbeitsplätzen spricht man von Leistungsentgelt	• Bei Fach- und Führungskräften von leistungsorientierter Vergütung	• Für hohe jährliche Leistungsentgelte hat sich der Begriff „Bonus" durchgesetzt

Tabelle 2: Bonusdefinition, Quelle: eigene Darstellung in Anlehnung, (Duden, 2014), (Wikipedia, 2014)

Der Bonus wird zu einem zentralen Thema, weil im Volksmund ein Bonus ein Gehalt ist. Ich vermute fast, dass über 2/3 der Angestellten überhaupt nicht genau wissen, was zu einem Bonus zählt. Seit die Gesellschaft weiss, dass bei Managern sehr hohe Boni ausbezahlt werden, hat er einen schlechten Ruf bekommen.

Ein Blick in unsere evolutionäre Vergangenheit erklärt, warum Menschen nicht durch Geld alleine motiviert werden können. Der Mensch ist ein soziales Wesen. Erfolg und Misserfolg hingen schon bei unseren steinzeitlichen Vorfahren stark davon ab, Teil einer Gemeinschaft zu sein. Es ist für die Menschen im Besonderen hochgradig belastend, sich nicht als integ-

---

[2] Vgl. Wikipedia.org, Arbeitsentgelt

riertes Mitglied der Gemeinschaft zu fühlen. Menschen verbringen sehr viel Zeit am Arbeitsplatz. Besonders durch die steigende Individualisierung in der Gesellschaft stellt für viele Menschen das Arbeitsumfeld die „moderne Herde" dar. Die Zugehörigkeit zu dieser „Herde" ist der am meisten motivierende Faktor. Woran Menschen erkennen, anerkannt in der Gemeinschaft zu sein, kann sehr unterschiedlich sein. Menschen sind sich ähnlich und doch so verschieden. Es spielen aber noch sehr viele Faktoren eine Rolle, dass er als „gerecht verteilt" angeschaut werden kann. (Kunz, 2012)

Die Zweifaktorentheorie von Frederick Herzberg (1956), die auf der Bedürfnishierarchie von Abraham H. Maslow (1943) aufbaut, untersucht, welche Faktoren Unzufriedenheit abbauen oder vermeiden, und welche Faktoren Zufriedenheit hervorrufen. Frederick Herzberg stellte 1968 durch empirische Untersuchungen (Pittsburgh-Studie) fest, dass das Verhalten von Mitarbeitern (Motivation) durch zwei unterschiedliche Faktoren beeinflusst wird. (Wirtschaftslexikon, 2014)

Nach Herzbergs Auffassungen werden Zufriedenheit und Unzufriedenheit in der Arbeit von je unterschiedlichen Faktorengruppen beeinflusst. Faktoren, die Zufriedenheit bewirken können, nannte Herzberg Motivatoren und jene, die Unzufriedenheit bewirken können, Hygienefaktoren. In der folgenden Tabelle sind Beispiele sowohl für Motivatoren als auch für Hygienefaktoren aufgeführt.

Motivatoren (intrinsisch)	Hygienefaktoren (extrinsisch)
• die Arbeit an sich	• Gestaltung äusserer Arbeitsbedingungen
• die Möglichkeit, etwas zu leisten	• Beziehung zu den Kollegen
• die Möglichkeit, sich weiter zu entwickeln	• Beziehungen zu den Vorgesetzten
• Verantwortung bei der Arbeit	• Firmenpolitik und Administration
• Aufstiegsmöglichkeiten	• Entlohnung und Sozialleistungen
• Anerkennung	• Krisensicherheit des Arbeitsplatzes

Tabelle 3: Motivatoren und Hygienefaktoren Quelle: eigene Darstellung, in Anlehnung an: BVS Skript, 2005

Fazit: Dadurch das Mitarbeiter bei Dienstleistungsunternehmen ihre Arbeit in geistiger und / oder körperlicher Art verrichten, ist es für den Mitarbeiter motivierender, wenn eine variable Leistungsentlöhnung Bestandteil des Gehaltes ist. Es braucht jedoch auch Motivatoren und Hygienefaktoren, damit eine ganzheitliche Arbeitsplatzzufriedenheit entsteht. Dadurch können die Unternehmungen das Human Kapital besser binden und die Mitarbeitenden zielorientierter fördern.

3. Synthese und Schlussfolgerungen

Wenn ein Unternehmen, ein transparentes und gerechtes Honorierungssystem einführen kann, dieses System eine marktgerechte Grundlohnansicht hat und alle Faktoren einschliesst damit die Mitarbeiter dieses System verstehen und begreifen, denke ich, dass es ein guter Ansatz ist, noch mehr Leistung aus den Arbeitnehmern zu holen, als heute bereits schon der Fall ist. Als gerechtes Vergütungsgerüst bezeichne ich, es sollten die Gerechtigkeitskriterien vollumfänglich angewendet, die Ziele für jeden Mitarbeiter individuell der möglichen persönlichen Leistungen angepasst werden. Zudem soll ein angemessenes Grundgehalt bezahlt werden, damit der Lebensstandart für die persönlichen Bedürfnisse, gesichert ist. Die Motivation der Mitarbeitenden spielt eine wesentliche Rolle. Nicht jeder Mensch lässt sich gleich motivieren. Ein sicherheitsbedürftiger Mensch ist motivierten, wenn er ein kleineren variablen oder sogar gar keinen Leistungslohn hat. Hingegen ein junger, arbeitswilliger und zielorientierter Mitarbeiter motivierter ist, wenn der Lebensstandart im Minimum gesichert ist, damit er überleben kann. Alles Zusätzliche holt er über die variablen Zuschläge.

Die meisten Arbeitnehmer sind in irgendeiner Weise auf die Zu- oder Mitarbeit von Kollegen angewiesen oder auch darauf, dass ihnen ein "gutes" Vertriebsgebiet zugewiesen wird. Ändert der Arbeitgeber seine Organisation, kann das den variablen Vergütungsbestandteil dramatisch zusammenschrumpfen lassen. Dadurch werden auch gute Verkäufer leicht „ausgetrocknet". Dann fragt sich, ob es eine allgemeine (ungeschriebene) Pflicht des Arbeitgebers gibt, bestimmte Vertriebsstrukturen zur Verfügung zu stellen, um Vertriebskräften gute Verdienstchancen zu gewährleisten. (Hüttl, 2013) Anhand meiner Erfahrungen kann ich dies bestätigen. Wenn eine gewisse Branche / Verkaufsgebiet / Abteilung usw. anhand strategischer Entscheidungen, ohne Involvierung der betroffenen Mitarbeiter und dessen Mitspracherecht, umorganisiert wird, kann dies sehr auf die Motivation der Mitarbeitenden schlagen.

Angenommen in einem Team arbeiten zwei oder drei Mitarbeiter mit einem angemessenen Grundlohn und der Rest ist variabler Leistungslohn gekoppelt an den persönlichen Umsatz und dem Teamumsatz. Gehen wir davon aus, dass der Grundlohn bei allen Mitarbeitenden derselbe ist, obwohl der Alters- und Erfahrungsunterschied sowie die schulische Ausbildung variieren. Anhand des variablen Leistungslohnes kann der erfahrene Mitarbeiter einen höheren Umsatz erzielen. Dies ist vielfach die Begründung der Unternehmen einen einheitlichen Grundlohn zu wählen. Wenn der erfahrene Mitarbeiter anhand Strukturwandel, Trends oder ändernden strategischen Unternehmensentscheidungen einen tieferen Leistungslohn erhält, die anderen Mitarbeiter jedoch das Umsatzziel erreichen, kommt automatisch die Frage auf, ist diese variable Leistungsentlöhnung den überhaupt gerecht verteilt oder zweifelt die Entscheidungen des oberen Kaders an. Wenn jedoch alle die Umsatzziele erreichen, wird das Honorierungssystem in keinster Weise in Frage gestellt.

Braucht es denn einen angemessenen Grundlohn? Es kommt immer auf die Person an, welche die Tätigkeit ausübt. Ist der Sicherheitsaspekt anhand der maslow'schen Pyramide bei einer Person eher klein, tendiert er eher zu einer reinen Leistungsvergütung. Hat man jedoch höhere Sicherheitsvorstellungen, wählt man sich eher ein Grundlohn basiertes Lohnsystem. Der Nachteil einer rein variablen Vergütung ist, wenn kein Umsatz generiert wird, erhält man Ende des Monats keine Lohnzahlung. Dafür fällt die Provision höher aus, wenn man etwas verkauft. Das Risiko ist sozusagen ein Bestandteil des rein variablen Vergütungssystemes und wird dementsprechend honoriert.

Ich für mich würde heute, da ich einen dreijährigen Sohn habe, eher für eine tiefere Leistungsvergütung entscheiden, als noch vor sechs Jahren, als ich ledig und kinderlos war. Dazu kommt noch, dass sich die Ansichten eines Menschen im Laufe der Anstellung ändern können, z.B. durch Geburt eines Kindes, welches das Sicherheitsbedürfnis eines Menschen ändern kann und er somit eher zu einem erhöhtem Grundlohn tendiert, als zu einer erhöhten Leistungsentlöhnung.

Andere Faktoren die die variable Leistungsentlöhnung und die Qualität der geleisteten Arbeit in Frage stellt. Angenommen, man erhält pro verkaufte Arbeitsstunde 0.35 Fr. Provision, es spielt jedoch keine Rolle wie hoch die Marge der verkauften Einheit ist, werden die Mitarbeiter sehr sachliche Verkäufe in Erwägung ziehen. Die temporären Mitarbeiter zu tiefen Kundentarifen anbieten, die Kundschaft fast schon belügen, einfach nur damit man anhand der verkauften Arbeitsstunden, Geld verdient. Denn jede Stunde ist 0.35 Fr. wert, auch wenn der temporäre Mitarbeiter nur gerade mal einen Tag arbeitet und der Kunde den Mitarbeiter wieder nach Hause schickt, weil man ihn nicht brauchen kann. Die Schuld kann man meistens auf den Temporären abwälzen. Diese Art von Vergütung ist für den Mitarbeitenden sehr interessant, ist aber dem Unternehmen selbst nicht wirklich treu und hat absolut kein unternehmerisches Denken und Handeln.

Nach Meiner Meinung, ist diese Motivation jedoch noch nicht wirklich befriedigt. Diese sogenannte sicherheitsbedürftige Motivation ist nicht von dauerhafter Präsenz. Diese Motivation ist so lange präsent, wie die Arbeit Spass macht. Erfährt man während der Arbeit Demotivation, sei es wegen Nicht-Dazu-Gehörigkeit im Team oder nicht erreichen der persönlich festgelegten Ziele, braucht es direkte Motivation vom Team oder vom Vorgesetzten. Nach der Zweifaktorentheorie von Herzberg. Denn der einzig wirkliche Motivator ist für mich, Lob, Anerkennung und Wertschätzung, mit einem auf die persönlichen Sicherheitsbedürfnissen angepassten Grundlohn.

4. Literaturverzeichnis

Bernard, Ursin. 2005. UBS Wealth Management Research. [Online] UBS, 2005. http://books.google.ch/books?id=VTv4XM8RdLMC&pg=PA28&lpg=PA28&dq=ubs+wealth+re search+2005&source=bl&ots=UJfrO94yaT&sig=D48uGsy5kPGnn3JM7vVhrcxIxsA&hl=de&s a=X&ei=q0_eUsu1Je_U4QSft4GAAQ&ved=0CFEQ6AEwAw#v=onepage&q=ubs%20wealth %20research%202005&f=false.

BVS, Bildungszentrum. 2014. *Personalentlöhnung.* s.l. : BVS, 2014.

—. **2014.** *Personalentlöhnung.* s.l. : BVS, 2014.

Duden. 2014. Duden. [Online] 2014. http://www.duden.de/rechtschreibung/Bonus.

Hilb, Martin. 2011. *Human Kapital.* s.l. : Luchterhand, 2011.

—. **2011.** *Integriertes Personal-Management.* s.l. : Luchterland, 2011.

Hüttl, Eva. 2013. Hensche. *Hensche.* [Online] Dezember 2013. http://www.hensche.de/Schadensersatz_Gehalt_kein_Schadensersatz_fuer_weniger_variabl es_Gehalt_nach_Organisationsaenderung_BAG_8AZR98-11.html.

Itasse, Stéphane. 2011. Unternehmen setzen wieder stärker auf variable Vergütung. [Online] Hay Group, 2011. http://www.haygroup.com/de/press/details.aspx?id=27783.

Kunz, Dr. Jürgen. 2012. Change in Time. [Online] Change in Time, 2012. http://blog.change-in-time.de/variable-verguetung.

Osterloh, Dr. Dr. h.c. Margit. 2009. Variable Entlöhnung im Verkauf. [Online] Index, 2009. http://www.suz.uzh.ch/rost/publications/index_Artikel_Osterloh_Rost.pdf.

Osterloh, Frey Bruno & Margit. 2012. Managing Motivation. [Online] Scorecard, 2012. http://www.suz.uzh.ch/rost/publications/scorecard_s26-27.pdf.

Steingruber, Roman Capaul / Daniel. 2014. *Betriebswirtschaft verstehen.* s.l. : Sauerländer, 2014.

Wachter, Thomas. 2014. *Saläre mit Sahnehäubchen.* s.l. : HR Today, 2014.

Wikipedia. 2014. Wikipedia. [Online] 2014. http://de.wikipedia.org/wiki/Arbeitsentgelt.

Wirtschaftslexikon. 2014. Wirtschaftslexikon. [Online] 2014. http://www.wirtschaftslexikon24.com/d/zwei-faktoren-theorie/zwei-faktoren-theorie.htm.